양 애경 선생님,

삶속에 늘 평강의 연애를

맺으시길 기원합니다.

2024. 12. ~1

우면 신 경희 드림

국제PEN한국본부
창립70주년기념 시인선

21

한 스무날
눈이 내렸으면 좋겠다

신경희 시집

International PEN-Korea Center **pen**

국제 PEN 헌장

국제PEN은 국제PEN대회 결의에 따라
다음과 같이 헌장을 선포한다.

1. 문학은 각 민족과 국가 단위로 이루어지나, 그 자체는 국경을 초월하여 그 어떤 상황 변화 속에서도 국가 간의 상호 교류를 유지해야 한다.

2. 예술 작품은 인간의 보편성에 바탕을 두고 길이 전승되는 재산이므로 국가적 또는 정치적 권력으로부터 간섭을 받아서는 안 된다.

3. 국제PEN은 인류 공영을 위해 최대한의 영향력을 발휘해야 하며 종족, 계급 그리고 민족 간의 갈등을 타파하는 동시에 전 세계 인류가 평화롭게 살아갈 수 있다는 이상을 실현하기 위하여 최선을 다해야 한다.

4. 국제PEN은 한 국가 안에서나 또는 세계 여러 나라에서 사상의 교류가 상호 방해 받지 않는다는 원칙을 준수하며, PEN 회원들은 각자 국가나 지역사회에서 어떤 형태로든 표현의 자유를 억압하는 데 반대할 것을 선언한다. 또한, PEN은 출판 및 언론의 자유를 주창하며 평화시의 부당한 검열을 거부한다. 아울러 PEN은 정치와 경제의 올바른 질서를 지향하기 위해 정부, 행정기관, 제도권에 대한 자유로운 비판이 필수적이고 긴요하다는 사실을 확신한다. 이와 함께 PEN 회원들은 출판 및 언론 자유의 오용을 배격하며, 특정 정치 세력이나 개인의 부당한 목적을 위해 사실을 왜곡하는 언론 자유의 해악을 경계한다.

　이러한 목적에 동의하는 모든 자격 있는 작가들, 편집자들, 번역가들은 그들의 국적, 언어, 종족, 피부 색깔 또는 종교에 관계없이 어느 누구라도 PEN 회원이 될 수 있다.

(사)국제 PEN 한국본부 연혁

국제PEN본부는 1921년에 창립되어 2023년 3월까지 145개국 154개 센터가 회원으로 가입돼 있는 세계적인 문학단체이다. 국제PEN본부는 영국 런던에 본부를 두고 있으며 특히 UN 인권위원회와 유네스코 자문기구로 현재 전 세계 문인, 번역가, 편집인, 언론인들의 표현의 자유를 옹호하고 인권 문제를 다루고 있는 단체이다.

한국PEN은 1954년 9월 15일 변영로·주요섭·모윤숙·이헌구·김광섭·이무영·백철 선생 등이 발기하여 같은 해 10월 23일 당시 서울 소공동 소재 서울대학교 치과대학 강당에서 창립총회를 열고 국제펜클럽한국본부로 공식 출범하였다. 국제펜클럽한국본부는 그 이듬해인 1955년 6월 비엔나에서 열린 제27차 세계대회에서 정식회원국으로 가입하고 그해 7월에 인준을 받아 오늘에 이르렀으며 2024년 2월 현재 회원 수는 4,000여 명이다.

(사)국제PEN한국본부(International PEN Korea Center)는 역사와 권위를 자랑하는 국제적 문학단체로서 회원들의 양심과 소신에 따른 저항권과 표현의 자유를 옹호하고 구속 작가들의 인권문제를 다루며 한국의 우수 문학작품을 번역,

세계 각국에 널리 알리고 우리 민족의 고유문화와 전통문화 등을 해외에 소개하는 한편 세계 각국과 문화 교류 및 친선을 도모하는 데 주도적 역할을 담당하고 있다.

1954. 10. 23.	국제펜클럽한국본부 창립
1955.	제27차 국제PEN비엔나대회에서 회원국 가입
	『The Korean PEN』영문판 및 불어판 창간
1958.	국내 최초 번역문학상 제정
1964.	PEN 아시아 작가기금 지급(1970년 제6차까지)
1970.	제37차 국제PEN서울대회 개최(60개국 참가)
1975.	『PEN뉴스』창간. 이후『PEN문학』으로 제호 변경
1978.	한국PEN문학상 제정
1988.	제52차 국제PEN서울대회 개최
1994.	제1회 국제문학심포지엄 개최
1996.	영문계간지『KOREAN LITERATURE TODAY』창간
2001.	전국 각 시도 및 미주 등에 지역위원회 설치
2012. 9.	제78차 국제PEN경주대회 개최
2015. 9.	제1회 세계한글작가대회 개최
2016. 9.	제2회 세계한글작가대회 개최
2017. 9.	제3회 세계한글작가대회 개최
2018. 11. 6~9.	제4회 세계한글작가대회 개최
2018. 8. 22.	정관개정에 의해 국제PEN한국본부로 개명
2019. 2.	PEN번역원 창립
2019. 11. 12~15.	제5회 세계한글작가대회 개최
2020. 10. 20~22.	제6회 세계한글작가대회 개최
2021. 11. 2.~4.	제7회 세계한글작가대회 개최
2022. 11. 1.~4.	제8회 세계한글작가대회 개최
2023. 11. 14.~17.	제9회 세계한글작가대회 개최

국제 PEN 한국본부 창립 70주년
기념 선집을 발간하며

    국제PEN한국본부는 1954년에 창립되고 이듬해인 1955년 6월 오스트리아의 빈에서 열린 제27차 국제PEN세계대회에서 회원국으로 가입되었다. 초대 이사장은 변영로 선생이 맡고 창립을 주선했던 모윤숙 시인이 부이사장을 맡았다. 이하윤, 김광섭, 피천득, 이헌구 등과 함께 창립의 중심 역할을 했던 주요섭이 사무국장을 맡았다.

    6·25한국전쟁이 휴전된 지 겨우 1년이 되는 시점에 이루어 낸 국제PEN한국본부의 창립은 매우 깊은 의미를 담는 거사였다. 그동안 국제PEN한국본부는 세 차례의 국제PEN대회와 9회의 세계한글작가대회를 개최하며 수많은 국내외 행사를 주최해 왔다. 이에 올해 2024년에는 창립 70주년을 맞이하게 되어 그 기념사업의 일환으로 PEN 회원들의 작품 선집을 발간하기로 하였다.

    여러 가지 기념사업을 진행하지만 회원들의 주옥같은 작품집을 선집으로 집대성하여 남기는 일은 가장 중요하고 의미 있는 일이라 생각한다.

    시와 산문으로 구성되는 선집은 우리 한국문학사의 중요한 족적을 남기는 귀중한 역사 자료로서의 가치를 갖게 되리라고 믿으며 겸허한 마음으로 70주년을 자축하는 주요 사업으로 진행하게 된다.

    참여해 주신 회원들께 감사하며 어려운 여건 속에서도 기꺼이 출판을 맡아 준 기획출판 오름의 김태웅 대표와 도서출판 교음사의 강병욱 대표에게 심심한 감사를 드린다.

2024년 9월
국제PEN한국본부 이사장 직무대행 오경자

시인의 말

시인은 가난해도 용서가 된다는 말이 따뜻한 위로가 되었던 시간이 있었다. 그렇게 긴 터널을 지나고 겨우 새벽을 맞이하였다. 동토에 새싹이 돋아나듯이 삶 속에 빛이 찾아왔다. 그러던 어느 날 벼랑 위에 또다시 홀로서야 했다. 삶은 홀로서기라는 말이 실감이 났다. 전화 너머 멀리서 들려오는 소리 '암입니다. 악성입니다.' 또 한 번의 거대한 폭풍과 맞서야 했다.

폭설이 없는데 / 푹푹 빠져든다.
어둠 속에 빠지고 / 수렁 속에 빠져들고
어느새 고독 속에 빠진다. / 백혈구 치수 낮으니
외출은 금지다. / 사람 만나는 것도 금지다.
모든 것이 멈추고 / 침대 위에
하얀 눈만이 수북이 쌓인다. / 한여름 밤 투병은
폭설을 맞은 겨울나무 / 시린 발이 푹푹 빠진다.
　　　　　　　　　　　　　　 - 〈폭설〉 전문

항암의 고통과 탈모는 깊은 수렁에 빠지게 했다. 그러나 시인의 마음에 곧은 절개가 있었으니 문방사우 벗을 삼아 문격을 귀하게 여기는 것, 원천이 깊은 시냇물이 되고, 뿌리 깊은 나무가 되어 그렇게 홀로서기를 하는 것이었다.

깊은 절망 속에 언약의 말씀은 어둠을 헤쳐나오는 열쇠이며 빛이 되었다. 둥근 타조알처럼 맨질맨질한 대머리에 까슬까슬한 머리가 까맣게 올라올 때는 인체의 신비였다.

   어둠을 헤치고 나와 이제 두 번째 시집의 출간을 앞두고 있다. 두 번째 시집은 한국의 대표 문학평론가이신 김우종 교수님께서 만 95세의 높은 고령이심에도 불구하고 서평을 써주셔서 큰 영광일 뿐 아니라 출간 시집이 빛이 난다. 깊은 감사를 드리며 교수님께서 건강하게 장수하시기를 기원한다.

   캐나다에서 달려와 수술과 항암, 방사선 치료를 지켜보며 24시간 옆에서 간호하였던 딸과 캐나다에서 매번 찬양을 불러서 보내주며 엄마의 투병을 위로하였던 아들에게 고마운 마음을 전한다. 특히 그동안 많은 기도로 도우신 지인들과 교우 여러분들 가족들에게 지면을 통해 감사드린다.

   두 번째 시집 〈한 스무날 눈이 내렸으면 좋겠다〉가 첫 번째 시집 〈그런 사람이면 좋겠다〉처럼 많은 독자에게 따뜻하게 다가서고 위로되는 시집이었으면 좋겠다.

2024년 8월 신경희

차례

국제PEN헌장 / (사)국제PEN한국본부 연혁

국제PEN한국본부 창립 70주년 기념 선집 발간사

008 _ 시인의 말

1부 _ 고독이 불을 밝히는 날에는

　　017 _ 시인의 마음
　　018 _ 아침 햇살의 눈웃음을 따라
　　019 _ 봄은 가슴 속에서 온다
　　020 _ 봄이 트는 날에는 보고 싶다
　　021 _ 너였구나
　　022 _ 바다
　　023 _ 너 떠난 빈자리에
　　024 _ 마음이 가난한 날은
　　026 _ 고독이 불을 밝히는 날에는
　　027 _ 가을 그리움
　　028 _ 저녁노을이 물듭니다
　　029 _ 그대가 그리워지면
　　030 _ 그리운 너의 웃음
　　031 _ 바람의 색깔로 너를 그리고 싶다
　　032 _ 좋은 사람은
　　033 _ 만남

2부 _ 겨울나무

    037 _ 봄
    038 _ 봄비
    040 _ 아침에 쓰는 편지
    041 _ 아카시아 향기
    042 _ 벽화마을
    043 _ 도시의 광장
    044 _ 갈증
    045 _ 비 개인 오후
    046 _ 천일폭포
    048 _ 바람 춤
    049 _ 마당 가의 가을
    050 _ 가을 기지개
    051 _ 겨울맞이
    052 _ 겨울바다
    053 _ 겨울나무
    054 _ 당신이 오신다기에

3부 _ 홀로서기

059 _ 홀로서기 1

060 _ 홀로서기 2

061 _ 먼 길

062 _ 탈모

063 _ 언약

064 _ 실로암의 기적

065 _ 가발

066 _ 부작용

068 _ 폭설

069 _ 한 스무날 눈이 내렸으면 좋겠다

070 _ 가을의 기도

071 _ 당신은 나의 산 소망

072 _ 소망의 촛불 켜게 하소서

074 _ 빛의 길

4부 _ 바다가 외로운 것은

077 _ 봄꽃잔치

078 _ 커피 한잔 어떠세요

080 _ 당신이 그리운 날은

081 _ 저도 당신이 보고 싶습니다

082 _ 바다가 외로운 것은

083 _ 낙엽 한 잎 떨어지고

084 _ 가을이 깊어지면

086 _ 아버지의 숨소리

088 _ 고백

089 _ 낙엽 지는 계절에는

090 _ 그립다 친구야

092 _ 그대 저만치만 서서 가라

094 _ 전설 같은 이야기

096 _ 그렇게도 오시기 힘드셨습니까

5부 _ 나이의 무게를 알 즈음에

099 _ 봄날의 기도
102 _ 봄의 잉태
104 _ 봄이 띄우는 초록편지
106 _ 나이의 무게를 알 즈음에
108 _ 8월의 바다에게 가고 싶다
110 _ 다가서기
112 _ 가을 이야기
113 _ 단애
116 _ 닮을수록 눈부신 미학
117 _ 강물은 백번 꺾기 어도
118 _ 잠들지 못한 그대에게
120 _ 행복한 동행
121 _ 행운의 촛불을 켭니다
122 _ 순환의 아름다움
124 _ 새해에는 이렇게 살게 하소서

[신경희 론] _ 김우종

126 _ 사랑과 신념의 시인이 가는 길

1부

고독이 불을 밝히는 날에는

바람의 색깔로
오늘은 너의 그리움을 그리고 싶다

시인의 마음

등잔 밑에
두 손 모아 기도하는
심신深信의 마음은
유한한 생명체로
미생물에 불과하지 않은가.

숙명적인 출생出生은
옥좌를 만들었으되
이치理致를 깨닫기는
문방사우 벗을 삼아
문격을 귀하게 여기는 것.

서리맞은 대나무를
마음에 담으니
절개를 지키는 마음
원천이 깊은 시냇물은
길게 흐르고

뿌리가 튼튼한 나무는
가지가 무성하나니
곧은 길 걷는 시인의 마음
기울어진 기둥서고
새가 날아드는 아침.

아침 햇살의 눈웃음을 따라

아침 햇살의 눈웃음을 따라
침엽수의 나뭇잎처럼
추운 겨울을 잘 이겨내야겠습니다.

구르는 돌은 이끼가 끼지 않는다고
세찬 파도에 수억만 번 굴러서
도르륵 도르륵 파도 소리에 장단을 맞추듯

세찬 비바람을 옷으로 입으며
깊은 침묵 속에
뿌리 깊은 나무가 되어 가듯이

아침 햇살의 눈웃음을 따라
동구 밖에 먼저 나와 봄을 기다리는
키 큰 미루나무가 되어야겠습니다.

봄은 가슴 속에서 온다

봄 햇살의 웃음처럼
은근함으로 머물 수 있다면
내 가슴속에 봄눈이 트고

물보라를 가슴에 안은 호수처럼
사슴보다 더 맑은 눈으로
그대를 안을 수 있다면

속살보다 더 부드러움으로
눈빛은 너를 만지고
푸릇한 로숀의 향기가

코끝에 스며드는 봄 내음처럼
너의 웃음이 내게 스며들면
봄은 내 가슴 속에서 그렇게 온다.

봄이 트는 날에는 보고 싶다

겨우내 삼켜두었던 한마디가
목이 아프다.
가지를 털어대는 새 발자국
시린 설경의 가지 끝에

겨우내 남겨두었던 한마디가
목이 아프다.
겨울 무덤 속의 메아리
작은 무덤가에 뿌려진 전설

잔서리 가지마다 봄이 트나니
가난이 지고 난 꽃의 아름다움이라
겨우내 움켜쥐었던 한마디가
목이 아프다.

겨우내 잊으려고 했던 말
산에서 들에서 봄이 터져 나오듯
내 뜰에서 그렇게 봄은 튼다.
보.고.싶.다.

너였구나

부스럭 소리에
눈을 떴다.

어둠 속에 미동도 없이
서 있는 네 그림자
아무 말이 없었다.
또다시 눈을 감았다.

바람 소리에
눈을 떴다.

어둠의 정적
갈라진 틈 사이로
바람이 분다는 것
작은 분신 너였구나.

등 뒤에서
부스럭거린 네가
분신처럼 일어나는 네가
속으로 젖어 드는

그리움
너였구나.

바다

바다를 오래도록 끌어안고 있었습니다.
바다를 끌어안고 있는 날에는
당신이 많이 보고 싶은 날입니다.

바다가
외로운 사람을 기다리듯
그렇게 오래 당신을 기다렸습니다.

외로움을 끌어안는 바다
그래서 채워지지 않는 바다
나도 당신의 바다가 되었습니다.

너 떠난 빈자리에

너 떠난 빈자리에
비가 내리고 있다
하늘은 맑아 눈이 부시는데.

너 떠난 빈자리에
바람이 불고 있다
꽃잎은 고스란히 미동도 없는데.

너 떠난 빈자리에
낙엽이 쌓이고 있다
초록의 나뭇잎은 바람에 춤을 추는데.

마음이 가난한 날은

마음이 가난한 날은
텅 빈 대나무 껍질 속에
몸을 가둔 허기가
먹어도 먹어도
채워지지 않습니다.

마음이 가난한 날은
꾸역꾸역 인파를 토해내는
열차의 플랫폼이 텅 빌 때까지
서 있어도
사람이 그립습니다.

가난한 땅 위에
몸살을 앓고 있는 당신이
그리운 날
마음이 가난한 날
눈물이라도 펑펑 쏟았으면 좋겠습니다.

헹구어 낸 아침 햇살
기다림이 목젖까지 차올라

눈물겹도록 서러운 날
마음이 가난한 날
당신 계신 곳이 아득하였습니다

고독이 불을 밝히는 날에는

고독이 불을 밝히는 날에는
너는 어느새 내게로 다가와 있었다.
혼자서도 잘 살 수 있다고
묵묵히 버텨내는
마을 입구의 고목 나무처럼
묵직한 다리를 내려놓고
한바탕 쉬어 가고 싶은
삶이 무거운 날에도
너는 어느새
내 옆으로 와 앉아있었다.
만질 수 없었던 너의 사랑
밤새도록 뒤척이며
문밖으로 내보내고
흥건히 젖은 눈가에는
하얀 소금알갱이가 쌓였다.
고독이 불을 밝히는 날에는
너는 내게로 와서 웃고 있었다.
무거운 다리 접히는
하루가 힘든 날에는
너의 웃음이 종일토록 침묵하였다.

가을 그리움

가을에는 흔들리고 싶다
불어오는 가을바람에
숲속에는 나뭇잎의 웃음이 흩어지고

구름 한 점 없는 맑은 하늘에는
보고 싶은 그리움이
붉은 석류처럼 매달리고

가을에는 한 번쯤
만나지 못한 사랑을 만나
익어가는 가을 이야기를 나누고 싶다.

그동안 살아온 이야기
서로 다른 마을에서 씨를 뿌리고
먼 저녁노을을 바라보아야 했던 그 이야기

달빛 물든 강가에서
투박해진 손을 담그고
오래도록 앉아있었던 이야기

가을에는 사랑하는 사람을 만나
끝내 다 하지 못한 이야기
가지마다 붉게 물들이고 싶다.

저녁노을이 물듭니다

당신 없는 자리에
꽃은 피고
웃음소리가 있습니다.
촘촘히 박혀있던 발자국들이
집으로 돌아간 빈자리에
별빛이 더욱 빛나듯
당신이 없는 빈자리에
봄비가 내리고
사랑도 더욱 빛이 납니다.
한지에 스며드는 수묵 한점
지나온 세월을 물들이고
봄바람이 불어오는 저녁
내 마음에는 말 없는
저녁노을이 물듭니다.

그대가 그리워지면

그대가 그리워지면
청솔밭에서 바람이 분다.
해진 바지자락 끝에도
그리움은 숨을 쉬고
희끗희끗 뿌려지는
눈발에 실려 오는
그대의 고운 눈빛이여
그대가 떠났어도
첫눈이 되어 내게로 오고
미처 떠나지 못한 당신의 미소는
외로움을 옷으로 입고
긴 나뭇가지 끝에
리본처럼 매달려 있다.
그대가 그리워지면
청솔밭에서 바람이 분다.
물빛 먹은 그리움이
주렁주렁 주홍빛으로 매달린다.

그리운 너의 웃음

삶이 팍팍한 날
가슴까지도 먼지 푸석이는 날
푸드덕거리는 너의 웃음이 그립다.

아직은
때 묻지 않은 너의 웃음
바람과 함께 흩어지는 소리 들린다.

말 못 하는 가난이 있어도
봄을 걸어오는 개나리 소리처럼
멋쩍은 듯 까르륵 웃어대는 네 모습에

가슴 무너진 날이 있었다.
눈을 뜨면 사르르 녹아 없어질 것 같아
두 눈을 꼬옥 감았다. 그리운 너의 웃음.

바람의 색깔로 너를 그리고 싶다

바람의 색깔로
오늘은 너의 그리움을 그리고 싶다.

너는 푸른 물빛의 바다였고
너는 푸른 능선의 산빛이었다.

바람의 색깔로 단풍이 물들어 가듯이
시인의 마음도 색깔이 입혀지는 날

낯 설은 발자국을 따라
달빛이 터치하는 마을 끝에 서 있다.

바람의 색깔로
오늘은 너의 얼굴을 그리고 싶다.

그 얼굴 위로
달빛이 비추어지고

너의 웃음이 달빛 속에 흔들릴 때
나는 그 웃음을 조용히 가슴에 담는다.

좋은 사람은

좋은 사람은
말이 없어도
편안함이 있다.

좋은 사람은
느낌만으로도
설렘이 있다.

좋은 사람은
멀리 있어도
가까이에 있다.

만남

가시인 줄 알고
멀리 있다가
가까이 다가서서 보니
아름다운 향기가 있는
꽃이었음을 알게 되는
그런 만남이 되게 하소서.

2부

겨울나무

아름답구나
허물을 벗어 던진 너의 자태
낱낱이 드러난 상처투성이와 비틀림

봄

풍수의 자연현상과 변화
경칩에는 하나의
화폭을 그려내고 싶다.

무질서 속에서의 질서
한번 폈다 지는 꽃잎에서도
지구촌의 변화와 조화가 있다.

대지를 뒤흔드는 탄생의 반란
자연스러운 겨울의 반작용과
결합의 결정체

고진감래의 빛깔은 선명하고
등푸른 산맥은 값지다.
어둠을 헤쳐나온 눈부신 여명의 날의 봄.

봄비

봄비가 내리고 있습니다.
바람이 불어와
창가에 흩어지는 빗방울이
당신의 소식인가 싶어서
창가에 다가섰습니다.

맑은 빗방울 하나를
손 위에 올려놓고
투명한 물방울을
가만히 보고 있노라니
당신의 웃음이 내게 다가섰습니다.

먼 하늘 끝에는
당신이 있을 것 같아
눈을 들어 멀리까지 내다보았습니다.
당신은 당신 마을에서
저 봄비를 바라보고 계시겠지요.

당신도 문 두드리는 빗소리에
귀를 쫑긋 세우고

옷매무새를 가다듬고
마음은 먼저 동구 밭에 나와
기다리고 있겠지요.

아침에 쓰는 편지

오른 손바닥에
솔잎 향기를 가득 담았습니다
길섶에 앉아있는 민들레와 패랭이꽃
새 생명의 환희는 왼손에 담았습니다
벽을 허물고 당신에게 가는 길
안개 걷힌 하늘 아래
개망꽃의 하얀 웃음이
시린 광야에 흩어져 내렸습니다
두 손 모아 기도하는 마음
성애를 걷어내는 당신의
아침 햇살이 되고 싶습니다.
작은 사랑을 하나로 불러 모아
당신에게 용해되는
아름다운 사랑이고 싶습니다.

아카시아 향기

아카시아 꽃잎에서
박하 향기가 납니다.
새초롬히 흩어지는 꽃잎 속에
밀려왔다 밀려가는 파도 소리
바람 소리 적적한데
적자색 나뭇가지의 수양버들
휘청휘청 누구를 위한 몸짓인가.
저녁노을 숨 쉬는 언덕 위에
발길 닿는 데로
이방인처럼 다녀간 민들레
당신의 흔적이 뿌리 깊습니다.
아카시아 향기
파르르 흔들리는 나무 그늘 아래서
마음 고단한 나는
지금, 당신을 생각합니다.

벽화마을

숨 쉬는 모든 것들이 숨이 차
차가운 시멘트 갈라진 틈새로
헉헉 콜록콜록

기울어진 지붕 아래
이빨 빠진 할머니
무릎에선 찬바람 소리 들린다.

전깃불보다
꺼져가는 화롯불이 생각나는
벽화마을

돌계단과 좁은 골목길
천 개의 봄바람
가슴이 뛴다.

슬레이트 지붕 위의
풀피리 소리 아득한데,
나무를 등진 소년과

버스를 기다리는 소녀
벽화마을이 화사해졌다.
낡은 의자에 앉아 소곤대는 별들.

도시의 광장

도시는 살이 찌는데
야윈 손가락은 많아진다.
이곳저곳 둘러보아도
하얀 야윈 손가락이
시곗바늘처럼 허공을 찌르고
기계 위에서 춤을 춘다.
꽹과리 소리 요란했던
도시의 광장에는
터져 나오지 못한
함성들이 박제되고
먼 나라 테러의 굉음 소리는
도시의 가난을 넘어선
지구촌의 비극이다.
도시의 광장
높은 시계탑에서는
벤자민 버튼의
그 야윈 손가락이
오늘도 거꾸로 걷는다.

갈증

치맛자락 사뿐히 돌다리를 건너
파랗게 메아리친 들판에 서 있다.
멀리 보이는 산비둘기 한 마리 푸드덕거리는데
까닭 없는 울음 터질 것 같은 바람 소리
목에서는 벌써 징징 우는 소리 들린다.
뻐꾸기는 또다시 산울림처럼 건드러지게 울고
수척한 바람 등결 고운 산등성에 기대어 서면
가을 저녁의 갈증 초승달 더 희어지고
가난한 뱃노래 흰 물가에 집을 짓는다.

비 개인 오후

장독대 위에 간장 된장 곰 삭히는
독들이 시원한 빗줄기에 얼굴을 씻고
대야는 오랜만에 목욕을 했다.

동쪽의 담장 아래 맑은 날이면 피어나는 채송화
분꽃은 목을 길게 빼고 얼굴을 내민다.
서둘러 열심히 땅을 파는 개미들

주객의 전도인가 집을 짓고 살림을 차렸다.
통통한 초록 애벌레, 잎마다 서걱서걱
일품요리 만들어 한 상 차려놓고

전깃줄에 참새 한 마리 꾸벅꾸벅 졸고 있는 한낮
망을 보는 허수아비 나른함에 외발이 무겁다.
대청마루에 앉아 비 갠 오후 눈이 부시다.

천일폭포

폭포의 낙화수가
은빛으로 쏟아지고
암석과 암석 사이

큰 입을 벌려
낙화수를 마시나니
山水인가.

달콤한 향내가
입안을 찌르고
하늘을 향한 커다란 얼굴

양팔을 대 자로 벌려
가슴을 열고나니
흩어져 뿌려지는

폭포의 하얀 춤사위
가슴으로 쏟아져
부스럭거리는 메마른 속내

촉촉한 윤기로 용해되었으니
이것이
天水인가.

천일폭포의 웅장함을
가슴에 안으니
上天下地가 다 내 것이구나.

바람 춤

사람의 마음속에
구멍 난 대나무 관이 하나 있나 봅니다.

바람 부는 날이면
그 관을 통하여 바람이 빠져나가고

비가 오는 날이면
그 관에서 물 흐르는 소리가 납니다.

사람의 가슴속에는
타지 않은 구공탄 하나 있나 봅니다.

언제부터 생긴 것인지
뻥 뚫린 구멍에서 바람 춤 소리가 납니다

귀를 기울이지 않아도
자꾸만 크게 들려옵니다.

마당 가의 가을

탱자나무 졸고 있는 마당에
붉은 고추 익어 간다.
달뜨는 개여울 가에
늘어진 버들가지
푸른 앞자락 여미고
바람벽에 기댄 고향 달빛
그물망에 건져온 가을이라
졸고 있는 마당 가에 나팔꽃
가을을 맞이한다.

가을 기지개

나무가 몸을 비틀어 기지개를 켠다.
하늘에서 쏟아지는 화염
땅이 토해내는 신열
동그랗게 몸을 말아

껍질 속에 몸을 숨겨 미동도 없었다.
메마른 하늘에 마른천둥
검게 물든 하늘
여름 끝에 머물러있다.

나무가 몸을 비틀어 기지개를 켠다.
목마름으로 지쳐있는 가지 끝으로
철석철석 가을이 불어온다.
여름 끝에 숨어있는 낙엽의 흐느낌

가을이 다가와 숨을 쉬고
동그랗게 몸을 말아
동아리를 틀었던
나무가 몸을 비틀어 기지개를 켠다.

겨울맞이

대청마루에 앉아있자니
나부끼는 눈발이 근심스럽다.
무릇 가진 자는 모르리
포장마차에 몰아치는 서릿발은
장대비만큼이나 서럽다.
마음을 다져 겨울나무처럼 꿋꿋하리
차 한잔을 마시며
걱정을 덮던 아버지
그때는 차마 몰랐다.

겨울바다

백사장이 누워서
거울을 보내고 있다.
지난여름 수를 놓았던 발자취는
지금은 어디에서 무엇을 하는지

뜨겁게 속삭였던
아름다운 입술은 지금 어디에 있는지
빈집이 되어버린 바다는
밤하늘을 향해 귀를 기울였다.

지난여름 내내
열병을 앓았던 열기가
이제는 차가운 바람이 되어
백사장을 어루만져 주고 있다.

보내야만 했던 그리움
끝내 말없이 보내고
빈집이 되어버린 바다는
백사장 옆에 나란히 누웠다.

겨울나무

아름답구나
허물을 벗어 던진 너의 자태
낱낱이 드러난 상처투성이와 비틀림

거친 피부에 버석거리는 살결
굵은 허리로 꼬여있어도
너의 자태가 아름답구나

뼈마디가 앙상하면 어떠하고
우윳빛에 하얀 속살이 아니면 어떠하랴
너는, 언제나 땅을 지키는 나무이고
하늘을 우러러 한 점 부끄럼 없는 자연인 것을

아름답구나
알알이 비춰지는 울퉁불퉁 너의 굳은살
낱낱이 해부되는 너의 곡선
누드로 서 있는 네 모습이 참으로 아름답구나.

당신이 오신다기에

당신이 오신다기에
동구 밭 키 큰 미루나무에
밤마다 보름달을 걸어놓았습니다.

당신이 탄 수레바퀴에
풀꽃으로 화관을 만들고
당신을 위해 꽃신을 만들었습니다.

당신이 오신다기에
밤마다 호롱불을 켜놓고
등잔을 정성 들여 닦습니다.

머리에 기름을 바르고
참빗으로 가지런히
머릿결을 다듬습니다.

당신이 오신다기에
투박해진 손을 씻으며
달빛으로 경단을 만듭니다.

당신이 오시는 길
달빛이 몸을 말아 구르시거든
밤마다 강가에 나와 앉아

당신을 기다리던
투박한 손인 줄 아시옵소서.

3부

홀로서기

한여름 밤 투병은
폭설을 맞은 겨울나무
시린 발이 푹푹 빠진다

홀로서기 1

고장 난 시계처럼
무작정 서 있었습니다.

신발도 없이
들판에 서 있는 허수아비처럼

의복이라고는 낡은 천 한 조각
침묵하며

묵시적인 눈빛만으로
그렇게 서 있었습니다.

홀로서기 2

침묵의 시간은
홀로시기 위한 몸짓이었습니다.

인생은 혼자라는 것을
알기까지는 많은 길을 돌아서 왔습니다.

넘어져도 혼자서 일어서야 하는 것
고장 난 로봇처럼

접어놓은 다리를 다시 펴기까지
속으로 삼키는 것.

먼 길

묵직한 발이 머문
어둠이 엄습한 작은 방
초승달 눈썹 짙어지는데
눈 쌓인 저편의 고향
언제나 발 닿으려나.
갈 길이 아득하다.

탈모

너는 언제나 내 것인 줄 알았다.

바닷가의 물살처럼 빠져나갈 때
비로소 네가 나의 것이 아님을 알았다.

너는 언제나 나와 한 몸인 줄 알았다.

어깨 위에 방바닥에 쌓이는 너를 보고서야
아, 내 것이 아님을 알았다.

언약

하늘이 열리니
무지개가 구름 사이에 있더라

하늘의 언약 가슴에 품으니
깊은 샘물이 가슴에 있더라

깊은 샘물은 은혜이로다
은혜가 세상을 이기었다.

실로암의 기적

캄캄한 밤에 일어나
두 손을 모았습니다.
태어날 때부터 맹인이
실로암에 가서 눈을 씻고
밝은 눈이 되었듯이

평생 절름발이가
일어나 걸으라는 한마디에
벌떡 일어나 걸었듯이
다시 일어설 수 있도록
독수리 날개를 주시옵소서

항암, 링겔 한 방울이 똑똑
튜브를 타고 온몸을 순회할 때
깊은 수렁에 빠졌사오니
실로암의 기적을 주시옵소서
여명의 새벽을 제게 주시옵소서.

가발

머리카락이 없으니
하얀 속살이 보인다.
몇 가닥 남은 머리카락
힘없이 휘어있다.

아침 햇살 눈 부신데
괜스레 눈물이 난다.
맨질맨질 둥근 대머리
둥근 타조 알 같다.

푸석푸석 부은 얼굴
부종으로 얼굴은 달덩이
푹 패인 눈 속에
속눈썹 없는 눈망울이 애처롭다.

햇살 아래 빛나는 대머리
가발을 얹어 놓으니
비뚤어진 단발머리
하얗게 웃는다.

부작용

하루 종일 침대 생활
창밖을 보면
눈물이 흐른다
온몸이 욱신거리니
앉아도 힘들고
누워도 힘들고
서도 힘들다.
속이 메슥메슥
종이 씹는 것 같고
고무 씹는 것 같다.
몇 숟가락 뜨고 나면
그만이다.
입안은 구내염으로
여기저기 갈라지니
쓰라림의 통증이다.
퉁퉁 부은 발은
코끼리 발
흔들흔들
힘없는 다리
자꾸만 접힌다.

침대 끝에 앉아
먼 산을 바라보니
단절된 소외감
서럽게 눈물이 난다.

폭설

폭설이 없는데
푹푹 빠져든다.
어둠 속에 빠지고
수렁 속에 빠져들고
어느새 고독 속에 빠진다.
백혈구 치수 낮으니
외출은 금지다.
사람 만나는 것도 금지다.
모든 것이 멈추고
침대 위에
하얀 눈만이 수북이 쌓인다.
한여름 밤 투병은
폭설을 맞은 겨울나무
시린 발이 푹푹 빠진다.

한 스무날 눈이 내렸으면 좋겠다

한 스무날
눈이 펑펑 내렸으면 좋겠다
바리톤의 아베마리아를 들으며
그대로 누워있었으면 좋겠다.
간혹 불어오는 바람 소리에
마음 덜컹거리거든
한 삼일 목 놓아 울고
그러다 잠이 들고
다람쥐 소스락 거리는 소리에
눈이 떠져
하늘을 향해
마음 열어 눈물 보이면
한 섬씩 쌓인 눈발은
소리 없이 녹아내리겠지
한 스무날
펑펑 눈이 내렸으면 좋겠다.
그 마지막 날엔
어둠이 슬슬 내려오는 저녁
작은 등불 하나 밝힌 당신이
내게 찾아왔으면 좋겠다.

가을의 기도

남루해진 옷차림에서도
배어 나올 수 있는 당당함을 주시고
겨울의 한파에서도
미소 지을 수 있는 여유와
진정한 사랑을 위하여서는
포기할 줄도 아는 용기를
연기 자욱한 안개 속에서도
길을 잃지 않는 맑은 정신과
가는 길이 외롭고 고달프다 하여도
포기하지 않는 절개를 주시옵소서.

세련된 몸짓이 되지는 못하여도
부끄럼이 없는 부드러움과
월계수관을 쓰지는 않아도
나눌 수 있는 넘치는 사랑을
의로운 길을 위하여
죽음과 맞설 수 있는 열정과
길이 아닌 곳에 대한 유혹을
과감하게 떨쳐버릴 수 있는 냉정함과
목적을 위하여
의롭다 함을 잊지 않는 명철함을 주시옵소서.

당신은 나의 산 소망

영어로 성경을 읽는 아침
먼 산 아침 햇살 눈이 부시다.

연단을 받은 자에게
의와 평강의 열매를 맺게 하신 당신

그 믿음 충만하여
철저한 가난의 수렁 속에서도

머리가 다 빠져나가는
극한 고통 속에서도

희망을 찾아 나섰으니
당신은 나의 산 소망이 됨이라.

소망의 촛불 켜게 하소서

한 걸음 한 걸음
희망을 찾아가게 하소서
한 걸음 한 걸음
소망의 촛불을 켜게 하소서

깊은 심연에서 오는 절망감도
헤쳐나갈 수 있는 용기를 주시고
아픔과 아픔 사이에서
다시 일어설 수 있는
사랑의 힘을 주소서

슬픔과 슬픔 사이에서
다시 날아오를 수 있는
사랑의 날개를 주시고
고단한 하루하루
작은 날갯짓하며 소망 이루게 하소서

절망의 발자국마다
희망의 씨앗 심을 수 있게 하시고
그리움의 발자국마다
사랑의 씨앗 심을 수 있게 하소서

한 걸음 한 걸음
사랑의 촛불 켜게 하소서
한 걸음 한 걸음
소망의 촛불 켜게 하소서.

빛의 길

깊은 수렁 속에
밤하늘만이 가득했다.

허우적거리는 야윈 손
그 손 잡아주시는 손

캄캄한 밤에
빛이 되신 주님이시라

암세포와 싸우는
사망의 골짜기에서

빛으로 오신 주님
나 두려울 것이 없다.

암세포와 싸우는 길
주의 손 잡고 걷는 길.

4부

바다가 외로운 것은

바다가 외로운 것은
강물이 다 그리로 흘러도
끝내 채워지지 않기 때문이다

봄꽃잔치

겨울 문밖에 서 있는
화사한 너의 웃음
손에 닿을 듯한
향긋한 너의 내음
얼굴을 간지럽히는
봄비와 함께
계절 문이 열리며
너는 내게 다가섰다.

한층 맑아진 목소리
작년에 들었던
키 큰 목련의 노래인가
흥얼거리는 노란 개나리의 콧노래
봄이 트는 언덕에
콜록이며 일어나는 앉은뱅이 제비꽃
얼굴을 내민 푸른 잔디들의 까치발 속에
봄꽃들의 잔치가 시작되었다.

커피 한잔 어떠세요

커피 한잔 그리울 때면
음악이 흐르는
조용한 카페가 아니어도 좋습니다.
강물이 흐르는
멋진 전원 카페가 아니어도 좋습니다

커피 한잔 그리울 때면
커다란 머그잔에
은은한 향기와
멋진 말이 없어도 좋습니다

말이 없으면 어떻습니까
웃음을 나눌 수 있다면
눈빛을 맞출 수 있다면
종이컵의 자판기 커피면 어떻습니까

이 세상 그 누가 부럽겠습니까
이 세상 그 무엇이 부럽겠습니까
당신과 함께라면
그 흔한 자동판매기

종이컵의 커피라도 좋습니다
당신과 함께라면
싸늘히 식은 커피라도
내게는 좋습니다.
커피 한잔 어떠세요.

당신이 그리운 날은

당신이 그리운 날은
깊은 강가에 앉아
저무는 해를 오래도록
바라봅니다.
어디선가 저 붉은 노을을
바라보고 있을
당신이 있기에
시린 삶의 언저리
홀로 걷는 외로움이
몰려오는 저녁
전하지 못한 그리움을
하늘가에 펼쳐놓습니다.
항상 옆에 있으면서도
항상 옆에 없었던 당신
오늘도 깊어지는
강물 위로
달빛이 내려오고
당신도 내려와
발목을 적십니다.

저도 당신이 보고 싶습니다

저 라고 왜 당신이
보고 싶지 않겠습니까
꽃잎이 흩어지는 이 아름다운 봄날
저 꽃길을 왜 함께 걷고 싶지 않겠습니까
아무리 멀리 있어도
마음이 가까이 있으면
가까이 있는 것이라고
마음 다독여 달래 보지만
밤마다 강물로 내려와
몸을 적시는 저 달빛처럼
마음이 젖는 날
강물에 이끌려 내려온 저 달빛처럼
당신에게 가고 싶습니다.
가로등 불빛이
봄비에 흩어져 내리듯이
마음 곳곳에
당신이 부서져 내리는 밤
저도 당신이 보고 싶습니다
저 라고 왜
당신이 보고 싶지 않겠습니까.

바다가 외로운 것은

바다가 외로운 것은
강물이 다 그리로 흘러도
끝내 채워지지 않기 때문이다

바다가 토해내는
파도 소리의 고음은
외로운 사람들의 저음을 부르고

세상의 외로운 사람들을 불러모아
밤이 새도록 가슴에 품어주는
바다가 외로운 것은

언제나 사람이 그리워
뭍으로 나와 있는
바위섬이 있기 때문이다.

낙엽 한 잎 떨어지고

낙엽 한 잎 가슴에 떨어지는 계절
다뉴브강의 잔물결이 일렁이고
그렇게도 당신 곁에 머물고 싶었던 날
끝내 당신 가까이 가지 못하였던 날
몇 해의 가을을 보내고
가슴엔 낙엽만이 수북이 쌓였습니다.
낙엽 한 잎 가슴에 떨어지는 계절
당신은 어디에서 무엇을 하고 계시는지요.
당신의 가슴에도 낙엽 한 잎 떨어지고
셀 수 없는 낙엽이 쌓여 있는지요.

가을이 깊어지면

가끔은
젖은 강가에 나아가
부르고 싶은 이름이 있다

가을이 깊어지면
나는 낯 설은 골목에서
이별을 준비하고 있다.

한 번쯤 서성이고
한 번쯤 목 놓아 울었던
어둠의 고독 길

깊어지는 가을밤
나는 또다시
고독의 옷을 입고

떠나지 못하였던
그 골목에 서 있다.
가을이 깊어지면

한 번쯤은 서성이며
목 놓아 울어야 하는
돌아갈 수는 없지만

떠날 수 없었던
그리움의 한 모퉁이
가을이 깊어지면

젖은 강가에서
부르고 싶은 이름
오지 않을 그리움을 접는다.

아버지의 숨소리

벽을 타고 올라오는
희미한 숨소리
흰 벽이 귀를 기울이고
튜브의 액체가
똑똑 가뭄처럼 흐른다.
검은 그림자 커지는 병실 침대
목구멍에서 거렁거렁
달구지 소리 들리고
겹겹이 주름진 손
오늘도 링겔 바늘이 순회하니
시퍼렇게 멍들어 애처롭다.
거렁거렁 달구지 타고
올라온 액체가 빨갛게 충혈되어
바깥세상 구경하고
호흡기에 매달린
아버지의 숨소리
큰 고통 속에도
조선의 선비처럼 단정하다.
폐 양쪽이 하얗게 변해가는데
발달 된 의학은 죽음을 기다리고
고령화에 근심은 내 것이 아니요.

곱게 죽어야지 한마디
둥둥 떠돌고
인연의 끝에 선 두려움
흰 벽을 껴안는다.

고백

누룽지가 구수하다
푹 끓여 숭늉을 만드신 어머니
가마솥의 뜨거운 김을 휘이 저의며
사랑을 한 사발씩 담아 올리신다

같은 맛을 낼 수 없음은
어머니와 같은 정성과 사랑이
이가 빠진 틈 사이로 바람이 빠지듯이
빠져나갔기 때문일 것이다.

갈대처럼 연약하면서도
익척스럽기도 하였던 어머니
까슬한 피부와 주름진 얼굴
어머니, 당신을 사랑합니다.

낙엽 지는 계절에는

낙엽 지는 계절 언덕
가을비의 낙수를 담은
엽서 한 장을 당신에게 보내고 싶습니다.
이른 저녁 하늘가에 걸려 있는
지는 해를 바라보며
맑은 빗방울을 그려 넣고
는개비를 기다리는 열차의 플랫폼에
물먹은 나뭇잎의 색깔로
계절 뒤에 숨은 당신의 물살을
엽서의 우표에 그려 넣으면
가을비의 낙수처럼 가슴을 울렸던 그 비가
유난히도 크게 가슴으로 떨어집니다.
낙엽 지는 계절에는
가을비의 낙수를 담은
엽서 한 장을 당신에게 보내고 싶습니다.

그립다 친구야

그립다 친구야
머리에는 막 피어나는
하얀 구름이 얹어지고
얼굴에는
맑은 소녀의 웃음을 잊고 살았지만
그 미소를 기억하고 있는
친구야 그립다.
햇살 좋은 눈부심 속에
반짝이는 나뭇잎새를 타고 넘어가는
우리의 젊음이 숨을 쉬던 언덕에도
지금쯤은 살이 찐 나무 한 그루
기다림의 버팀목으로
오랜 세월을 보내고
소녀와의 추억을 그리워하겠지
친구야
우리에게도
생텍쥐페리의 어린왕자가
밤마다 찾아오던 시절이 있었지
어린왕자가 들려주는 이야기
관심과 사랑으로 시간을 소비하였기에
나만의 특별한 장미가 될 수 있었고

하늘에서는 나를 바라보며 웃어 주는
별 하나가 있기에
이제부터는 밤하늘에 있는 모든 별이
나를 향해 웃어 줄 것이라는
아름다운 이야기를 들었던 그 언덕에
다시금 오르고 싶구나
그립다 친구야
아프도록 그리운 것은
아직 내가 살아있음이려니
내 마음속에
살아 숨 쉬는 동산에서
오늘 나는 너에게 안부를 묻는다.

그대 저만치만 서서 가라

그대, 저만치만 서서 가라
너무 가까이 있으면 보이지 않으니
조금만 떨어져서 가라
행여 멀어질까 걱정하지 않아도 될
그만큼의 거리에서 서서 가라

그대, 그만치만 서서 가라
너무 멀리 있으면 보이지 않으니
너무 멀리는 가지 마라
행여 눈에 보이지 않을까 두려워하지 않아도 될
적당한 거리에 그만큼만 서서 가라

그대, 침묵하여도 좋다
그러나 너무 오랜 침묵은 하지 마라
긴 침묵은 오해를 가져다주니
때로는 한마디의 말이
긴 사랑을 만들어 준다.

그대, 무표정이어도 좋다
그러나 너무 오랜 무표정은 하지 마라

감정 없는 표정은 쓸쓸함을 가져다주니
따뜻한 웃음 하나가
긴 여운의 행복감을 만들어 준다.

그대, 뜨거운 사랑을 하지 않아도 좋다.
또, 언제나 가장 가까이에 있지 않아도 좋다.
열심히 걸어가다가
옆을 보며 씨익 한번 웃어 주면 좋겠다.
그 웃음이 보이는 곳에 그만치만 서서 가라.

전설 같은 이야기

전설 같은 이야기
사랑은 누구에게나 있다.
아뜩한 그리움을 모르고서야
사랑이라 말을 할 수 있겠는가.
사라질 것 같아
불안과 공포가 뒤덮은 사랑
사랑의 두려움은 이별이라 말하리.
이 넓은 세상에서 사랑한다는 것은
같이 호흡하고
같이 울고 싶은 것

사랑이란 전설 같은 것
지키기 위하여
제 목숨 다 주고 싶은 것
사랑이란
가질 수 없어
몸부림치는 철저한 아픔까지도
이 세상 어디에서
존재한다는 것만으로도
가슴 쏴아하게 아프고
감사한 것

사랑이란

몸이 같이 있다고

사랑만은 아니라고

전설처럼 마음속 깊이 새겨져 있는 그리움.

사랑이란

보이지 않아도 선명한 그림자

잡히지 않아도

잡혀있는 그리움

오늘도

많은 전설이 낙엽 위에 쌓이고 있다.

그렇게도 오시기 힘드셨습니까

그렇게도 오시기 힘드셨습니까
당신은 어디에도 있었고
당신은 어디에도 없었습니다
당신 기다려 밤을 새기를 몇 날인지
당신 기다려 문밖에 나와 있기를 몇 날인지
그렇게도 오시기 힘드셨습니까
하루가 가고 또 하루가 찾아오고
세월은 속절없이 흘러만 가는데
언제나 당신 언저리 맴돌다
돌아와야 했건만
당신도 나 몰래 그렇게 다녀가셨습니까
당신,
그렇게도 오시기 힘드셨습니까

5부

나이의 무게를 알 즈음에

나이의 무게를 완성해 가면서 살아가는 것
이것이 인생이려니

봄날의 기도

두부처럼 부드럽게 하소서
때로는 나를 저항하지 못하여
쉽게 부서지는 듯 보이지만
가난한 서민의 밥상에도 앉아있고
임금님의 밥상에도 앉아있는
상하를 구별하지 않는
누구나 함께 어울릴 줄 아는
부드러운 두부가 되게 하소서

만두 속처럼 알차게 하소서
겉모습은 얇고 초라해 보이지만
때로는 작은 것에도 잘 터지는
상처받기 쉬운 약한 모습이지만
만두만큼 속 찬 음식도 없으며
명절날이 되면
전 국민이 찾아서 밥상에 올리는
속 찬 만두가 되게 하소서

강물처럼 유유하게 흐르게 하소서
바쁜 세상 속에 혼자서만
유유한 자태를 하고 있다고 생각되지만

시냇물을 모아 바다로 흘려보내며
보이지 않는 땀을 흘리고 있으니
흐르는 땀은 보이지 않게
흘러가면서 목마른 가지마다
목을 축여주는 사랑이 있는
강물이 되게 하소서

오리의 물갈퀴처럼 힘차게 하소서
작은 발로 서있을 때는
한없이 약해 보이지만
물속에 들어가면 전심으로 발을 움직여
물살을 가르는
작은 물살도 커다란 물살도 헤쳐나가는
물의 흐름을 탈 줄 아는
힘과 지혜가 되게 하소서

시계 초침처럼 부지런하게 하소서
평소에는 누구에게도
어떠한 관심을 받지 못하여도
열심히 앞만 보고 가는 초침
그러나 모든 경기 앞에서는

단 1초의 시각이 땀을 쥐게 하는
없어서는 안 될 기준이 되는
초침 같은 부지런한 일꾼이 되게 하소서

스스로 불태우는 작은 촛불이 되게 하소서
작은 불빛이기에
평소에는 장식장에 앉아있는
장식품에 불과 하지만
언제든지 몸을 불태워 어둠을 밝히는
어둠의 빛이 되게 하소서.

봄의 잉태

아침 산책길에 만난
목련들의 꽃망울들과
가지마다 눈을 뜨고 있는 꽃들이
아름답기만 하였습니다.

무거운 외투를 벗어 던지듯이
마음 무거운 짐들을
봄바람 속에 날리고
파릇파릇 물들어가는 땅의 기운을
가슴마다 새겨진 습진 오솔길에
뿌려 놓습니다.

그늘진 깊은 마음의 골짜기에도
봄 햇살이 스며들고
봄의 계절에는
산천초목이 목을 축이고
햇살에 몸을 녹이고
마음을 녹일 수 있는
소생의 계절이기에

골진 밭에 희망의 씨앗을 뿌려
우리의 또 하나의 삶을 잉태시키고
마음 구석구석 먼지를 털어 냅니다
이름도 없는 수많은 오솔길에도
봄은 찾아오고
들꽃들이 만발합니다.

등 푸른 산맥의 선명함처럼
푸른 소망을 품는 봄의 계절
부지런히 씨앗을 뿌려
생명의 잉태를 위한
축복의 기도를 드려야겠습니다.

봄이 띄우는 초록편지

관심과 정성은
하나의 꽃을 피우기 위함이요
악기와 연주는
하나의 조화를 이루기 위함이다

산소와 물은
한 생명을 위한 필요조건이요
연기와 무대는
한 일생을 창출하는 삶의 현장이다

자립과 독립은
한 사람의 자유를 의미하며
방황과 반항은
한 사람의 내적 갈등의 표출이다

아집과 고집은
고정관념의 깊은 뿌리이며
팔도강산이 변하고 지구촌이 변하고
사고의 탄력성이 요구되는 현대이다

만족과 기쁨은
우리 삶의 목표이며
대립과 충돌은
틀린 것이 아니라 너와 나의 생각이 다를 뿐이다

장래와 미래는
한 사람의 희망과 꿈이며
경험과 실패는
한 사람의 도전을 만들어가는 또 하나의 기회이다.

나이의 무게를 알 즈음에

머리 조아려 기도하는 마음은
나이에도 무게가 있음을 알고 있음이라
무르익은 곡식들이 들판에서 우리를 기다리듯이
더해가는 햇수에 삶의 알갱이들이 익어가야 하거늘
은잔 위에 녹아 있는
붉은 포도주의 진한 맛을 내기 위하여
농축되고 숙성될 시간이 필요하듯이
곳곳에서 기다리는 비와 바람이
우리를 갈고 닦아 부드러운 곡선으로 만들고 있으니
그늘진 삶을 이겨내는 농축된 시간들을 사랑해야지
달구어진 쇳덩이가 용광로를 통과해야지만
어디에서나 귀하게 여기는 순금으로 태어나듯이
열꽃이 피어나는 진한 진통이 지난 후에
모순의 딜레마를 이겨낼 수 있는 진실을 얻을 수 있으니
나이에도 무게가 있음이라.
지금은 젊었을 때 꽃의 향기를 쫓아 날 수도 있었고
맑고 가볍게 흐르는 시냇물일 수도 있었다.
몰랐던 것은 강물이 서로 다른 시냇물을 모아
서로 기대기도 하고 부대끼며 흘러가듯이

때로는 뒤엉키기도 하고
때로는 서로 다독거리기도 하면서 같이 흘러가는 것
그렇게 나이의 무게를 완성해 가면서 살아가는 것
이것이 인생이려니.

8월의 바다에게 가고 싶다

8월의 하늘이 뜨겁다
눈부신 뜨거운 햇살에
현기증이 난다.
7월의 빗물이
세상을 쓸어가듯 무섭게
밤하늘을 가르더니
뜨거운 태양이
바다를 부른다.
8월이 가기 전에
바닷가 모래밭에 촘촘히 박힌
발자국들이 집으로 돌아가기 전에
나도 바다에 가고 싶다.
바다에 가면
하늘의 섭리를 알 수 있을까.
뜨거운 태양을
가슴에 가득 품을 수 있는
바다에게 가면
바다는 어서 오라고
손짓을 하고
열심히 살아온 수고로움을
등 다독이며

삶은 그렇게 쉽지 않음을
비바람과 폭풍이 지나고 나서야
평화가 찾아온다고
바다는 말을 해줄까
8월이 가기 전에
나도 바다에게 가고 싶다.

다가서기

내가 다가서기 전에
너는 들판에 서 있는
이름 없는 들꽃에 지나지 않았다

내가 다가서
너를 부르고
너를 마주 보고 웃었을 때

너는 나의 특별한 꽃이 되어
이름이 되었고
웃음이 되었다.

내가 다가서기 전에
너의 색깔도
너의 미소도 알 수 없었다.

내가 다가서기 전에
너는 지나가는 바람이었고
스쳐 가는 소낙비였다.

내가 너에게 다가섰을 때
너는 내게 기쁨이었고
너는 내게 슬픔이었다.

나도 누군가에게
그렇게 기쁨이 되고
그렇게 슬픔이 되고 싶다.

가을 이야기

가을에 한 번쯤 흔들려 보지 않은 사람이 있겠는가.
황혼 녘 저녁노을 앞에서 눈물을 흘려보지 않은 자
어디에 있겠는가.
사람은 늘 부족을 느끼며 살아가는 결핍의 생물체인 것을

가을에는 한 번쯤 울어보지 않은 사람이 있겠는가.
저물어가는 강가에 걸터앉아
흘러가는 저 강물을 하염없이 바라보며
인생의 쓴 걸음을 휘청여 보지 않은 자가 어디 있겠는가.

가을에는 저 들판에 홀로 서 있는 허수아비
먼 기적소리 들리는 젖은 창가에 앉아
허수아비의 뜨거운 눈물을 느껴보지 않은 사람이 있겠는가.
인생은 남모르는 눈물을 알아가는 것

가슴에는 낙엽 한 잎이 떨어지고
고요함 속에 깊은 샘물의 맑은 물소리를 듣는 것
가을에는 벼 이삭의 낟알갱이가 잘 익어 고개를 숙이듯이
인생도 한 알씩 익어가며 마침내 고개를 숙이는 것.

단애

활짝 핀 하얀 벚꽃
바람결에 눈꽃 되어
흩어지며 떨어지고
하얗게 피어오른 목련꽃
한 잎 두 잎 시들어갈지라도
슬퍼하지 말지어다

꽃잎이 떨어지면
연녹색의 나뭇잎들
나뭇가지에
피어오를 터이니
시간이 지나 여름이 오면
그 청정함이 더 할 터이니

스산한 가을바람
쓸쓸함을 더해주고
한 잎 두 잎 떨어지는 나무 잎새
이별의 전주곡임을
깨닫는 우리
더욱 슬퍼지지만

모진 우풍
모진 눈보라 속에
또 다른
아름다운 꽃잎을 피우기 위해
묵묵히 인내하며 기다리는
침묵하는 나무처럼
인생의 모진 풍파
사랑의 슬픔의 향연
새 희망의 꽃으로
다시 피어오를 터이니

우리의 삶도 우리의 사랑도
일장춘몽과 무엇이 다를 것인가.

고단함에 서러워 말고
주어진 하루하루
값진 하루이거늘
소중히 하루하루 채워가다 보면
우리의 인생
어느새 황혼의 문턱에 서 있으려니

순간순간 만나는 사람들
사랑하고 아끼고
순간순간 만나는 모든 사람들과
소중함으로 함께 살아가는
혼자가 아닌
'우리'로 살아감이 인생이려니

서러워 말지어다
지나고 나면
우리 살아가며 만나는
크고 작은 단애
홀로 서 있던 낭떠러지
그 또한 그리워질 날 있으리라.

닦을수록 눈부신 미학

닦을수록 눈부신 것이 유리뿐이겠는가
을씨년스러운 바람 소리와 함께
수북이 쌓여 있는 하얀 눈 속에
압록강이 엎드려 흘러가듯이

눈살의 구김도 펼 수 있는 눈부심이란
부와 명예를 위해 닦는 길보다
신실함으로 사람을 사랑하는 마음
미美는 내면에서부터 흘러나오는

학습하고 무관한 아름다움이지 않겠는가
세월이 흐를수록
자꾸 뿌옇게 되는 마음의 창을 닦으면
세상을 맑게 보는 지혜가 생기지 않겠는가

세상살이 힘겨워질수록
자꾸 흐려지는 마음의 창을 갈고닦으면
밖에 있는 모든 것들이 아름답게 보이지 않겠는가
닦을수록 눈부신 미학이 여기에 있지 않겠는가.

강물은 백번 꺾기 어도

강물은 백번 꺾기 어도
바다로 가고

하늘을 날던 새는
지치면 집으로 돌아오고

구름은 몸을 말았다가
다시 편다.

마음이 백번 꺽기 어도
목적지를 잃지 않고

몸을 말았다 펴는 구름 사이로
한 줄기 빛을 찾아

비어있는 주머니 속에
햇살을 가득 채우고

백번이 꺾기 어도
바다로 가는 강물을 바라보는 날.

잠들지 못한 그대에게

문을 두드리는
빗방울 소리에 눈을 떴습니다.
학처럼 길게 목을 빼고
밤새 뒤척인 지난겨울
이룰 수 없는 꿈에 대한 미련은
남몰래 흐느낌의 걱정이었습니다.
종이 조각처럼 허공을 배회하며
휘청이는 발걸음
이상과 현실의 중간역에서
방황하는 이방인의 상처 난 가슴
헤집어 놓은 빗방울 소리는
잠자고 있는 성역을 깨웁니다.
자라처럼 목을 움츠리며
인생의 미로를 걷고 있는 사람들
몸부림과 뜨거운 눈물
합장하여 두 손을 모음은
그대를 위한 기도의 숙연함입니다.
번민과 고통의 시간은
성숙한 또 하나의 그대를 만들어가는 길
호리병 속에 날개 없이 갇혀 있는 시간마저도
새롭게 만들어가는 또 하나의 그대

새벽을 달려 나온 아침 햇살은
그대의 등 뒤를 오늘도 비추고 있습니다.

행복한 동행

나뭇잎도 모습을 감추었다.
누드로 서 있는 나무가 아름다운 계절
큰 파도 없이 작은 출렁임에는 감사를 하자.
연습이라고 할 수 없는 인생
습작도 있을 수 없는 우리의 삶

행복을 위해 작은 것을 나누며 살아가는 것
그것이 행복임을
한 해를 보내는 마지막 길목에서
동행하는 옆에 있는 이들을 돌아보자.
행여 그늘진 삶으로 고통을 받고 있지는 않은지

마음을 나누어
음지에서 외로운 사람
나락이 있으면 도약도 있음을
누구나 한 번쯤은 겪는 아픔을 함께 나누며 살자.
기다리다 보면 새날이 찾아옴을 우리는 잊지 말자.

행운의 촛불을 켭니다

행운의 촛불을 켜고 싶습니다.
운명이라고 규정지으며
의미 없는 일이라고 내버려두진 않겠습니다
촛불 하나가 어둠 전체를 밝혀주듯이
불씨 하나가 연소할 수있는 힘이 되어
을씨년스러운 차가운 공기를 소멸해 가듯이
켜켜이 쌓여 있는 어둠과 슬픔 사이로
고열의 고독이 흐르고 나면
행운은 다시 찾아오리라 믿습니다.
행운의 촛불을 켭니다.
절망의 깊은 질곡 속에도
아침 햇살은 땅끝까지 비추기 때문입니다.

순환의 아름다움

순환한다는 것은 얼마나 좋은 것인가.
찬 공기와 따뜻한 공기가 만나서
손을 잡는다는 것
시린 손을 잡아주는 따뜻한 손
열이 많아 열병이 있는 손을
식혀줄 수 있는 차가운 손
서로 맞잡았을 때 순환하지 않겠는가.

순환한다는 것은 얼마나 아름다운 것인가.
사계절이 그 시기마다 꽃을 피우고
노래를 부르고
기다려주고
계절과 계절 사이에는
언제나 손을 잡고
넘겨주는 아름다움이 있지 않은가.

순환한다는 것은 얼마나 소중한 것인가.
전통을 지키는 아름다움과
그 전통을 받아드는 아름다움 속에
버릴 것을 버릴 줄 아는 그래서

공기가 통하고
물이 흐르는 통로가 생기는 아름다움은
얼마나 소중한가.

순환한다는 것은 얼마나 귀한 것인가.
따뜻한 피가 흐르고
맑은 공기가 흐르고
마음과 마음이 통하는
순환의 흐름은
얼마나 좋은 것인가
그래서 사랑이지 않겠는가.

새해에는 이렇게 살게 하소서

새해에는 나무가 되게 하소서
뜨거운 햇살 아래
쉴 곳이 필요한 사람들에게
조용히 그늘을 내줄 수 있는
넉넉한 나무가 되게 하소서

새해에는 강물이 되게 하소서
목마름에 지쳐있는 모든 이들
갈증으로 허기진 이들
마음을 적셔줄 수 있게 하시고
사랑을 적셔줄 수 있도록 하소서

새해에는 꿈을 잃지 않게 하소서
상처 난 날개 움츠러들고
고단함에 지친 날개
다시 펼 수 있도록
새해에는 새 날개를 주소서.

새해에는 일어나게 하소서
절망 앞에 무릎 꿇지 않게 하시고

휘청대는 흔들림에도
오뚝이 처럼 일어날 수 있는
새 희망을 주시옵소서

새해에는 사랑하게 하소서
나누어도 부족함이 없는
내 주어도 아깝지 않은
따뜻한 사랑을 풍성하게 하시고
아픔까지도 품을 수 있는 진실한 사랑을 주소서.

새해에는 보석이 되게 하소서
우리를 보석으로 갈고 닦게 하소서
그리하여 진흙 속에서도 빛을 발하고
어둠 속에서도 빛을 낼 수 있는
우리로 만들어 주소서.

신경희 론

사랑과 신념의 시인이 가는 길

김우종
문학평론가

1. 주제 시 〈한 스무날 눈이 내렸으면 좋겠다〉

우런 신경희 시인은 '한 스무날 눈이 내렸으면 좋겠다'고 한다. 이번 제2시집의 제목이다.

이 서평을 쓰는 2024년 폭염이 신경희의 주문대로 정말 스무날 동안 폭설로 눈 세상이 되면 좋겠다. 논밭의 농부들에겐 그야말로 재앙이지만 선풍기도 필요 없이 책상에만 앉아 있는 삶도 나쁘지 않다.

그런데 신 시인의 스무날 폭설은 기후 때문이 아니라 시인으로 너무 힘겹게 살아오는 과정에 발생한 열기의 과부하 때문이다.

20일간 함박눈이 그렇게 내리면 끔찍한 재앙이다. 그 대신 밀폐된 공간에 갇히면 사색의 시간이 길어지고 심화된다. 배만 고프지 않다면 지식인에겐 오히려 더 많이 이 세상을 위한 생산적 작업시간이 될 수도 있다. 다산 정약용은 그렇게 귀양살이 철창에 갇혔기 때문에 500권의 저서로 이 나라 개화기를 이끌며 최고로 많은 업적을 남겼다. 신경희도 그러고 싶었을까?

눈이 하룻밤만 곱게 내리면 시가 된다. 김광균의 〈설야〉라면 '어느 머언 곳의 그리운 소식'이 들려오고 누군가를 기다리며 '처마 끝에 매달린 호롱불이 여위어가는' 밤이 되기도 한다. 김광균의 설야에서는 '먼 곳의 여인의 옷 벗는 소리'도 들려오고 있다. 그렇지만 한 스무날 눈이 내리기를 바란다는 시인의 발상과 기타 작품들은 식민지시대의 모더니즘도 아니고 그 시대의 시인들 다수가 선택한 현실도피도 아니다. 만주사변이 일어나고 김광균의 〈설야〉가 신춘문예로 나오던 1938년 사이에는 7~80 수명의 문인들이 두 차례 체포 구속되고 어용문학단체 조선문인협회가 결성되었다. 김광균의 〈설야〉도 그런 도피처다. 현실로부터 완전히 차단되고 먼 곳의 그리운 소식이나 여인의 옷 벗는 소리가 들려오는 환상적인 공간의 시야말로 속세에 물들지 않은 아름다운 예술이라고 변명할 수 있었다. (1934년 김환태 〈예술의 순수성〉에서)

그 시대의 다수 문인들은 신경희 제2시집의 이름대로 그처럼 완벽한 외계로부터의 도피하며, 완전한 방어벽, 하얀 눈가루집처럼 순수한 예술성이 보장되는 세상을 갈망했을 것이다. 그러다가 그 길은 친일문학이 되었다.

신경희는 그런 현실 도피주의자가 아니며 그런 환상

속에서 꿈꾸는 시인이 아니다. 가혹한 현실에 맞부딪히며 남달리 힘겹게 질주하다가 자기만의 밀폐된 공간 속에서 사색하고 열기를 식히고 싶어서 그런 시를 쓰고 다음의 도약을 준비하고 싶기 때문인지도 모른다.

  한 스무날 눈이 내리며 세상이 조용해지고 밀폐된 공간에 갇히면 감옥의 죄수처럼 지난 시간에 대한 기억은 오히려 더 선명해지고 그리움이 가득해진다.

  신 시인은 〈바다가 외로운 것은〉 '언제나 사람이 그리워/ 뭍으로 나와 있는 바위섬이 있기 때문'이라 했다. 그런 그리움의 시인이지만 스무날 동안 그렇게 폭설 감옥에 갇히고 싶은 것은 그렇게 그립고 싶기 때문만은 아닐 것이다. 새로운 에너지 충전과 휴식과 짓누르는 현실의 스트레스를 피할 수 있는 세계로 '쇼생크 탈출'처럼 탈출하고 싶어서였으리라.

  그것은 홀로서기가 되며 사람이 살지 않는 무인도처럼 그것은 고독의 섬이다. 얼마나 힘들었으면 그렇게 세상으로부터 멀리 혼자가 되고 싶었을까?

    시인은 가난해도 용서가 된다는 말이 따뜻한 위로가 되었던 시간이 있었다. 그렇게 긴 터널을 지나고 겨우 새벽을 맞이하였다. 동토에 새싹이 돋아나듯이 삶 속에 빛이 찾아왔다. 그러던 어느 날 벼랑 위에 또다시 홀로서야 했다. 삶은 홀로서기라는 말이 실감이 났다.

    – 시집 〈한 스무날 눈이 내렸으면 좋겠다〉의 서문

신경희의 말을 구체적으로 살피면 파산, 가난, 캄캄한 터널 끝, 그리고 암 선고가 나오고 탈모가 나온다. 〈탈모〉야 〈여덟시 통근 길에 대머리 총각〉도 있듯이 낭만적인 기억도 있는데 신경희 여인에게 그것은 참으로 심각한 용어로 쓰이고 있다. 그리고 '둥근 타조 알에 까뭇 까뭇' 털이 새싹처럼 돋아났다는 말은 작자가 죽음에 맞서고 살아났다는 기쁜 소식처럼 표현되고 있다. 그러고 몇 해가 지났는지 지난번 문학 답사 때 만난 신경희는 타조가 아니었다.

가와바다 야스나리의 캄캄한 터널 끝 풍경은 하얀 설국이다. 러브스토리도 있다. 신경희는 파산 가난 등의 캄캄한 터널 끝에 설국이 펼쳐지는 듯하다 말고 암 선고를 받았었나 보다. 가와바다는 터널 끝에서 그렇게 좋은 세상을 만나서 노벨상도 탔지만 자살해 버렸는데 신 시인은 다시 만난 고난이 오히려 세상을 사랑하고 힘이 솟는 반작용을 일으킨다. 연구 논문을 쓰고 국문학박사가 되고 한국시단에서 왕성한 활동을 계속해 왔다. 약력을 보면 잠잘 틈도 없는 사람인데 두 가지가 가장 눈에 띈다. 충무공이순신기념사업회 총무국장에 3·8민주의거기념사업회 사무국장이다. 시 쓰기는 아니지만 시인의 사회참여다. 3·8민주의거기념사업회 회장 김용재 교수의 공적에는 신 시인의 헌신적인 봉사가 많이 뒷받침되었다. 그가 작고하던 날까지 신 시인이 김 교수의 사회참여를 열심히 돕고 자신도 민주

사회를 위해 열심히 참여하고 있었던 것을 나도 알고 있다. 나의 '창작산맥'에도 좋은 작품을 실어주고 있어서 고마운 사람이다. 그러다 보면 세상일이 다 그렇듯이 편치 않을 날도 많았을 것이니 혼자 도망치고 눈 동굴 속에라도 갇히고 싶을 때가 있었을 것이다.

> 한 삼일 목 놓아 울고
> 그러다 잠이 들고
> 다람쥐 소스락 거리는 소리에
> 눈이 떠져
> 하늘을 향해
> 마음 열어 눈물 보이면
> 한 섬씩 쌓인 눈발은
> 소리 없이 녹아내리겠지
> 한 스무날
> 펑펑 눈이 내렸으면 좋겠다.
>   – 〈한 스무날 눈이 내렸으면 좋겠다〉 중간부

시인은 이렇게 눈 동굴 속에서 목 놓아 울고 싶기도 했을 것이다.

2. 그리움과 몸부림의 문학

그런데 '마지막 날엔/........작은 등불 하나 밝힌 당

신이/ 내게 찾아왔으면 좋겠다.'고 한다. 사랑하는 남자를 기다리는 에로티시즘이 결론인가? 아니다. 구원의 메시지를 기다리는 것이며 그만큼 간절한 그리움과 소망과 갈증을 나타낸 작품이다.

그리움과 구원의 소망이 간절해지면 몸부림이 따른다. 그것이 다른 시에서는 이렇게 나타난다.

> 나무가 몸을 비틀어 기지개를 켠다.
> 목마름으로 지쳐있는 가지 끝으로
> 철석철석 가을이 불어온다.
> 여름 끝에 숨어있는 낙엽의 흐느낌
> – 〈가을 기지개〉 후반부

한여름 폭염 속에서 땀 흘리던 농부처럼 쉴 수 없이 달려야 했던 신 시인은 가을이 되자 경련처럼 '몸을 비틀어 기지개를 켠다.'

시인은 여기서 가을 낙엽을 '여름 끝에 숨어있는 낙엽의 흐느낌'이라 했는데 그동안의 폭주가 얼마나 힘들었으면 낙엽을 흐느낌이라 했을까?

그 흐느낌을 몸부림으로 표현한 것은 신 시인 만이 아니다.

빈센트 반 고흐는 몸부림의 화가였다. 화법이 대개 그렇지만 특히 그의 〈별이 빛나는 밤(Starry Night)〉은 몸부림의 명작이다. 어두운 밤하늘에서 달과 별이 찬

란한 빛을 뿌리며 몸부림을 친다. 그림 왼쪽 땅바닥의 사이프러스 나무도 하늘로 치솟으며 몸부림을 친다. 그것은 찬란한 생명의 율동이며 어두운 밤하늘의 그것은 절망 속에서 그것을 거부하는 생명의 찬가다. 정신병원에서 1년을 살다 간 그는 그곳에서 일생 중 가장 뜨겁게 그처럼 타오르다 가버렸다.

 신 시인도 캄캄한 동굴을 지나서 좋아하다 다시 암선고로 죽음의 강물을 건너야 하게 되었지만 정열적인 몸부림으로 시를 쓰고 학문에 매달리며 몸을 비틀고 몸부림친다. 고흐가 튜브의 색감을 그대로 화폭에 문질러 버리기도 했듯이 신경희의 생명을 향한 몸부림은 고흐와도 닮았다.

 가을을 만난 신경희를 릴케와 비교하면 〈가을 기지개〉의 화법은 고흐를 닮고 내면의 생명을 향한 간절한 소망도 같지만 신경희 시인은 고흐처럼 거칠지 않다. 릴케가 가을을 만나자 지난여름 무더위를 오히려 축복처럼 감사하는 기도를 드리듯이 신경희는 그렇게 감사하며 겸허하다. 서정적인 작품일수록 부드럽고 겸허하다. 겸허한 감성은 릴케의 초기 작품에 나타나는 사랑의 시 같다. 14세 연상의 작가 루 살로메에 대한 사랑은 나이가 어린 탓도 있지만 신 시인은 하늘로부터 주어진 인생이 아무리 가혹해도 감사하는 겸허한 자세를 잃지 않고 있다. 그러니까 쉬운 세상이 아니다. 한여름 논밭의 농부처럼 폭염 때문보다도 그녀가 선택한 시인의 길이 주는 필연적 결과다.

신 시인은 시가 인생의 전부다. 운명적 고난으로 광야에 홀로 서게 되었다는데 거기서 찾아 나간 길이 시 쓰기이며 그것이 빛이 되고 구원이었다. 〈시인의 마음〉에서 그렇게 나타난다. 그렇지만 그것은 또 하나의 고난의 시작이었을 터인데.

3. 겨울나무 같은 사상적 엄숙성

> 절개를 지키는 마음
> 원천이 깊은 시냇물은
> 길게 흐르고
>
> 뿌리가 튼튼한 나무는
> 가지가 무성하나니
> 곧은 길 걷는 시인의 마음
> 기울어진 기둥서고
> 새가 날아드는 아침.
> – 〈시인의 마음〉 후반부

'절개'는 '고난'과 이음동의어다. 고려말 정몽주에게 절개는 선죽교의 돌까지 영원히 핏빛으로 물들인 죽음이었고 두문동 72현의 절개는 전설에 의하면 불 질러져 가족들과 함께 타죽은 죽음이었다. 그러므로 '절개를 지키는 마음/ 원천이 깊은 시냇물은/ 길게 흐르고'라는 그의 시인의 길은 고난의 길일 수밖에 없다. 뿌리 깊은 나무에 비유한 것도 마찬가지다. 〈시인의 마음〉 기타 작품 여러 곳에서 신 시인은 겸허하게 엎드려 기도하며 주어진 운명 앞에서 한없이 작아지는 존재로 나타난다. 작아짐은 결국은 커짐이다. 주어진 운명 속에서 삶을 긍정하고 자연을 찬미하며 열심히 세상에 봉사하는 사람은 큰 사람이다. 이순신기념사업회 총무국장이나 3·8민주의거기념사업 때문에 수고하는 것도 그런 정신의 사회참여다. 그러니 예뻐질 시간도 없을 것 같다. 아직은 아니지만 〈겨울나무〉처럼 크림 바르고 루즈 칠할 시간도 아쉬운 여성 시인으로 산다.

거친 피부에 버석거리는 살결
굵은 허리로 꼬여있어도
너의 자태가 아름답구나

뼈마디가 앙상하면 어떠하고
우윳빛에 하얀 속살이 아니면 어떠하랴
너는, 언제나 땅을 지키는 나무이고
하늘을 우러러 한 점 부끄럼 없는 자연인 것을
　　　　　　　　　　　 – 〈겨울나무〉 중간부

신경희가 〈시인의 마음〉에서 절개 있고 뿌리 깊은 나무가 되고 꽃 좋고 열매 많고 샘이 깊어 바다에 갈 것(〈용비어천가〉에서처럼)이라 했다면 그 겨울나무의 외모는 이럴 수밖에 없다. 거친 피부, 버석거리는 살결, 꼬여있는 허리----. 신경희는 여자인데 여기서 신 시인은 문학 속에서는 몸도 가꿀 틈이 없다가 자칫 갱년기도 모르고 젊음의 정거장을 지나칠 사람 같다.

윤동주를 사랑하며 교과서에서 그 이야기마저 고백한 시인 이바라기노리코가 〈내가 가장 예뻤을 때〉에서 탄식한 것은 예뻤어도 그것을 앗아간 전쟁을 탓하고 군국주의 또라이들을 탓한 것이지만 신 작자는 그와 비슷한 세상에 맞서는 존재들을 겨울나무에 비유하면서 그것이 지니는 아름다움을 감동적으로 전하고 있다.

뼈마디가 앙상하고 속살이 우윳빛 같은 매력이 없어도 좋단다. '언제나 땅을 지키는 나무이고/ 하늘을 우러러 한 점 부끄럼이 없는' 나무이기에 아름답다고 하면 이 길은 엄숙한 사상으로 심화되어 힘들고도 아름다운 시인의 길이다.

이것은 윤동주가 〈서시〉에서 말한 것과 같다. 그가 이 땅을 지키기 위해 한 점 부끄러움이 없던 시인이었듯이 그를 따르겠다는 작품이다. 그래서 그 길을 걸으며 이순신을 찬미하고 대전의 3·8민주 혁명을 따라가고 시 창작도 이를 따른다면 이 시인은 '겨울나무'가 된다.

신 시인은 〈바람 춤〉에서 말하듯이 마음속에 대나무 관이 있는 것 같다, '바람 부는 날이면/ 그 관을 통하여 바람이 빠져나가고/ 비가 오는 날이면/ 그 관에서 물 흐르는 소리가 납니다.' 했듯이 바람 구멍이 없으면 폭발해버릴 내부 정열을 지니고 있다. 그 열기를 '구공탄'이라 했지만 겸허한 표현일 듯싶다.

4. 홀로서기의 시인

또 이런 시인의 길은 필연적으로 〈홀로서기〉가 된다.

침묵의 시간은
홀로서기 위한 몸짓이었습니다.

인생은 혼자라는 것을
알기까지는 많은 길을 돌아서 왔습니다.

넘어져도 혼자서 일어서야 하는 것
고장 난 로봇처럼

접어놓은 다리를 다시 펴기까지
속으로 삼키는 것.
　　　　　　　　－〈홀로서기 2〉 전문

홀로서기는 이처럼 넘어져도 혼자서 일어나야 하는 것이지만 작자는 이를 겸허히 받아들인다. 윤동주가 〈쉽게 씌어진 시〉에서 '인생은 살기 어렵다는데/ 시가 이렇게 쉽게 씌어지는 것은/ 부끄러운 일이다'라 했는데 시업(詩業)의 본질을 이렇게 엄숙하게 파악한 시인은 그처럼 힘든 시인이 되고 멀리 북간도에 사랑하는 사람들을 두고 그리며 일생을 마치는 홀로서기가 된다.

신 시인은 이런 홀로서기들이 흘러온 자리를 바다에 비유하고 외딴 섬에 비유하고 있다. 그리고 그들의 간절한 그리움을 서정적 기법으로 그려나간다.

〈바다가 외로운 것은〉은 홀로 남아있는 섬의 그리움 때문이라 했지만 작자는 이렇게 홀로 서 있는 섬을 사랑한다.

> 바다가 외로운 것은
> 강물이 다 그리로 흘러도
> 끝내 채워지지 않기 때문이다
>
> 바다가 토해내는
> 파도 소리의 고음은
> 외로운 사람들의 저음을 부르고

세상의 외로운 사람들을 불러모아
밤이 새도록 가슴에 품어주는
바다가 외로운 것은

언제나 사람이 그리워
뭍으로 나와 있는
바위섬이 있기 때문이다.
― 〈바다가 외로운 것은〉 전문

작자는 매우 아름다운 은유의 시적 상상력과 섬세하고 예리한 감성과 적절하게 세련된 시어의 선택으로 감동을 극대화해 나가고 있다. 그리고 더 있다. 다른 시에서도 나타나지만 고달프고 외로운 홀로서기 오뚝이들이 흘러서 서로 만나 냇물이 되고 강물이 되고 바다가 되고 그리움이 되고 있다는 발상과 그 주제의 철학적 가치가 그렇다. 샘물처럼 혼자서 외롭게 흐르던 홀로서기 인생들이 서로 만나 강물이 되고 바다가 된다는 것은 감동적인 철학적 사고다. 그래야만 이 세상의 구원이 가능하고 실제로 그렇게 홀로서기의 고독한 존재는 절망이 아니라 희망의 세계이며 이것이 구원의 메시지가 되고 있고 되어야 한다는 강력한 절규다.

신 시인이 온갖 수난 속에서 헤매며 망막한 광야에 내던져진 홀로서기였지만 그래도 강했던 것은 저 먼 곳을 향한 그리움이 있었기 때문일 듯하다. 바꿔 말하면 희망이다. 홀로서기는 오뚝이처럼 일어남이라 했으며 그 희망은 '물으로 나와 있는 바위섬'이다. 이것이 작자가 인류구원의 참여의식과 그 관념적 철학을 형상화해서 시 〈바다가 외로운 것은〉이란 철학적 서정시로 나타나고 있다.

5. 한 스무날 눈송이로 축배를 올려도 좋을 동굴 잔치

신 시인도 그처럼 바다에 떠 있는 홀로서기였다면 그 환경을 극복한 것은 그리움을 잃지 않았기 때문이며 그리움이란 어느 경우에나 그렇듯이 사랑의 정서다. 신 시인의 정신세계는 이 세상에 대한 사랑이 저변에 짙게 깔려 있다.

그 사랑은 시를 사랑하고 학문을 사랑하고 인간을 사랑하고 인간이 만들어 온 문명의 역사에 대한 사랑과 함께 자연에 대한 사랑도 충만한 것이다.

그리고 그것은 권력과 부가 넘치는 사랑이 아니라 우리가 가난 속에서도 정이 넘쳤던 삶도 사랑한다. 〈벽화마을〉 〈마당 가의 가을〉 같은 작품에서 그것이 전해진다.

그것은 아마도 신 시인이 주어진 운명에 대한 겸허한 자세와 이 세상에 대한 궁극적인 사랑 때문일 것이다. 시 창작만이 아니라 엄숙한 시정신의 사회적 실천이 그렇고 끝없이 배우고 연구하고 싶은 학문적 열정이 모두 그렇다.

신 시인의 사랑은 〈벽화마을〉에서도 나타나고 〈마당가의 가을〉〈천일폭포〉 등 작품 전체의 저변에 함축적으로 사랑이 깔려 있다.

그중에서 〈벽화마을〉은 소외계층에 대한 것으로서 사회적 참여의식이 동반한 사랑이다.

> 돌계단과 좁은 골목길
> 천 개의 봄바람
> 가슴이 뛴다.
>
> 슬레이트 지붕 위의
> 풀피리 소리 아득한데,
> 나무를 등진 소년과
>
> 버스를 기다리는 소녀
> 벽화마을이 화사해졌다.
> 낡은 의자에 앉아 소곤대는 별들.
> 　　　　　　　－〈벽화마을〉 후반부

여기서 돌계단과 슬레이트 지붕, 나무를 등진 소년, 버스를 기다리는 소녀 등은 산동네 사람들의 풍경이

분명하다. 도시산업화가 농촌 경제를 무너뜨리며 꾸역꾸역 상경한 소년 소녀들은 서울역에서 신촌으로 넘어가는 열차 속의 화자 정호승 시인이 되고 최인호의 〈별들의 고향〉 속의 경아가 되고 조선작 〈영자의 전성시대〉의 영자가 된다. 신문팔이가 되고 창녀가 되고 그 뒤에 달려온 식구들은 산동네에 판잣집을 짓고 절망을 씹으며 살더니 그래도 버스를 기다리는 소녀도 있고 돌계단의 판잣집은 명작을 그리는 캔버스가 된다. 작자는 이 풍경을 보며 화사해진 꿈을 감지한다. 국민소득이 3만 불을 넘고 고층 아파트들이 치솟는 계절이지만 작자는 뒤처진 그들에게서 꿈을 보고 있다. 사실로 벽화그림이 뉴욕의 미술 옥션에서 억대로 팔려나간다 해도 억지가 아니다. 눈과 코와 입이 비틀어지고 온몸이 뒤집힌 피카소 그림보다 못할 이유가 없다. 산동네 판잣집의 꿈이 전하는 의미로 보면 꿀릴 것 하나 없다. 산동네라는 소외지대의 슬픔을 눈여겨보는 관심과 무관심 중에서 신 작가의 관심은 사랑에 속한다. 그것은 기득권의 횡포가 작동하는 역사의 희생자에게는 더욱 그렇고 이 사랑은 바른 세상을 향한 사회 참여의 의미를 지닌다.

〈마당 가의 가을〉도 그렇다. 화려한 도시 문명으로부터 아득히 뒤처진 집 마당의 나무 한 그루와 풀과 꽃은 너도나도 버리고 떠나온 농가 풍경이지만

이에 대한 그리움을 굳이 되새기게 하는 것은 소외

계층에 대한 사랑이며 탐욕을 초월하는 따뜻한 인간적 정서이고 화폐가치로만 치닫는 문명에 대한 비판이다.

 또 이와 달리 〈천일폭포〉는 폭염 속 여름나기의 멋진 풍경도 되지만 하늘을 향하여 두 손을 쩍 벌리고 폭포 물을 받는 자세는 주어진 자연에 대한 찬사의 몸짓이고 천수(天水)라 한 것도 하늘에 대한 감사의 의미를 지닌 어휘 선택이다. 그렇게 겸허한 사랑의 정신이 아름답다. 다른 많은 작품들의 저변에 깔린 것이 공통적으로 사랑이며 그것을 작자는 빛이라 하고 길이라 하고 세상을 사랑하기에 참여한 그 자리를 시인의 옥좌(玉座)라 하고 있다.

 옥좌라 해도 참 힘든 길인데 신 시인을 비롯해서 작가 제자로서 모셔오다 금년에 멀리 보내드린 김용재 시인이나 이정희 시인과 나도 같은 길을 걸어왔다. 김용재 시인과 이정희 시인은 내가 충남대 교수로서 겸직한 대학학보사에서 함께 지냈고 그들은 고교 시절 3·8의거 민주화 운동에 앞장섰고 이정희는 나의 가난한 셋방에 찾아와서 함께 찍은 옛 사진을 보여주어 너무 반가웠다. 신경희는 그 후 여기서 석·박사가 되고 문학은 이 세상에 기여해야 된다는 신념으로 더욱 많은 업적을 남길 시인이다. 문학은 교양적 필수 과목도 되지만 특히 한반도의 가혹한 현실 속에서 그것은 우리의 구원의 메시지이며 시인 신경희가 그런 신념을 아름다운 서정적 감수성을 형상화해 나가며 뛰어난 상상력과 기법으로 앞으로 더욱 한국문단에서 그 길을 다져 나갈 것이기에 뿌듯하다.

'한 스무날 눈이 내렸으면 좋겠다.'

그래서 눈 동굴 속에 스무날쯤 같이 모이고 떠나버린 제자 김용재도 다시 불러 흰 눈가루로 시집 출판의 축배를 들어도 좋겠다.

— 2024년 상도동

김우종
1929년생
문학평론가, 화가, 창작산맥 발행인
진명여고, 배화여고, 보성고 교사
충남대, 경희대, 덕성여대 교수
서울대, 연세대, 성균관대 강사
국군포로 탈출, 독재정권의 투옥 해직
서울시문화상, 보관문화훈장, 은관문화훈장

/ 표지그림 /

공(空) - 화(花) / Space - Flower

India ink, Color on Korean Paper, 46x55cm, 2004, Artist's collection

윤애근 _ 晶山 尹愛根

중앙대학교 회화과 졸업. 홍익대학교 대학원 졸업. 전남대학교 예술대학 학장 및 예술연구소 소장 역임. 국립현대미술관 초대작가. 서울시립미술관 초대작가. 광주시립미술관 올해의 작가전 외 개인전 23회

국제PEN한국본부
창립70주년기념 시인선 **21**

한 스무날 눈이 내렸으면 좋겠다

저자 **신경희**

기획·제작 **국제PEN한국본부** pen
International PEN-Korea Center

발행일 2024년 9월 1일
발행처 기획출판오름 Orum Edition
발행인 김태웅
등록번호 동구 제 364-1999-000006호
등록일자 1999년 2월 25일
주소 대전광역시 동구 대전로 815번길 125
전화 042-637-1486
e-mail orumplus@hanmail.net

ISBN _ 979-11-89486-87-7

값 12,000원

· 본 책 내용의 전부 또는 일부를 재사용하려면 반드시 저자의 동의를 얻어야 합니다.
· 지은이와의 협의에 의해 인지는 생략합니다.
· 이 책은 한국예술인복지재단 에서 발간비를 지원 받았습니다.
Korean Artists Welfare Foundation